O JUGO DAS
PALAVRAS

CB017806

Artur da Távola

O JUGO DAS PALAVRAS

1ª edição

EDITORA RECORD
RIO DE JANEIRO • SÃO PAULO

2013

Cip-Brasil. Catalogação-na-fonte
Sindicato Nacional dos Editores de Livros, RJ.

T236j   Távola, Artur da, 1936-2008
       O jugo das palavras / Artur da Távola. –
   Rio de Janeiro: Record, 2013.

      ISBN 978-85-01-40360-5

        1. Poesia brasileira. I. Título.

                   CDD 869.91
13-2202   CDU 821.134.3(81)-1

Copyright © by herdeiros de Artur da Távola

Capa e projeto gráfico: Regina Ferraz

Texto revisado segundo o novo Acordo Ortográfico da Língua Portuguesa.

Direitos exclusivos desta edição reservados pela
EDITORA RECORD LTDA.
Rua Argentina, 171 – 20921-380 – Rio de Janeiro, RJ – Tel.: 2585-2000

Impresso no Brasil

ISBN 978-85-01-40360-5

Seja um leitor preferencial Record.
Cadastre-se e receba informações sobre
nossos lançamentos e nossas promoções.

Atendimento e venda direta ao leitor:
mdireto@record.com.br ou (21) 2585-2002

EDITORA AFILIADA

MANIFESTO

A poesia começa quando o poeta pensa que acabou o poema.

O poema não é a poesia. É somente um dos seus condutores, talvez até o mais aparelhado.

Toda poesia que cede ao poema frustra-se.

Todo poema que cede ao verso perturba-se.

Todo verso que cede à beleza arrisca-se.

Toda beleza que domine o poeta ameaça-o de não alcançar a poesia.

O poema precisa ser escravo da poesia. Deve aviltar-se, ser volúvel, hipócrita ou solidário, mas corajoso o suficiente para compreender e aceitar o seu lugar de coadjuvante.

Há poetas que começam e acabam seus versos no poema e jamais atingem a poesia, mesmo utilizando-se da melhor inspiração e de refinada linguagem.

Poesia, poema, verso e poeta são concomitantes, contraditórios e conflituosos ao mesmo tempo. Inimigos íntimos que se amam.

A poesia é soberana. O poema e o verso, invejosos, ambicionam o lugar dela. O poeta é um ser carente, aturdido e lindo, o único com permissão de levar o verso, o poema e a beleza para o julgamento da poesia. Esta, exigente, quase sempre reprova os vários intentos do poeta, embora jamais o proíba de dar luz ao poema.

A poesia sabe que, mesmo quando não alcança-
da, vislumbres do que é podem estar presentes
no poema, em alguns ou muitos versos ou nos
delírios do poeta. Por isso só interfere no seu
trabalho para disparar a inspiração.

A poesia é deusa. Verso e poema são anjos: in-
termediários entre o território superior e sa-
grado da poesia; entidades de grande valor tran-
sitivo. Jamais verdades em si mesmas.

O poeta é o herói mitológico. Nasce do casa-
mento de uma deusa (a poesia) com um mor-
tal (o poema). É bem-vindo, porque ajuda a qua-
se impossível compreensão do que é a poesia.
É um ser alado e bendito, amaldiçoado pela dú-
vida, cujo afã é o verso e a finalidade o poema.
Alça-se à procura da deusa-poesia. Esta, somen-
te em alguns casos e por especial concessão
olímpica, se deixa alcançar, desde que o poeta
não se embebede com o verso, com o poema ou
consigo mesmo, sobretudo se for talentoso.

Poema e verso jamais podem se arrogar a pre-
tensão de representar com exclusividade a poe-
sia. São meros condutores que, ao se suporem
representantes da poesia, são por ela punidos.

A poesia é tão superior, que nem da beleza pre-
cisa. Esta, em geral, a disfarça ou atenua. Por
mais bem que faça – e faz – a beleza é a ilusão
da poesia. Só vale quando se serve do poema
para tentar atingir a poesia. Esta só precisa de

som, ritmo e palavra por viver mais próxima da música que do discurso.

Não é o poeta que escolhe a poesia. Esta o escolhe sem lhe fornecer, jamais, poderes incondicionais sobre o poema e quase sempre lhe negando a precisão do verso; às vezes até embebedando-o com notáveis descobertas no idioma. E quando, por ser superior, humilha, logo depois se mostra disponível tanto melhor quanto mais fácil e desfrutável. Esconde-se onde se revela, chegando às vezes à humildade de necessitar do poema a quem em seguida desdenha e escarnece.

A única liberdade possível ao poeta é a de buscar a poesia.

Ela quase sempre está onde o poema a oculta ao mesmo tempo que a proclama.

Artur da Távola

SUMÁRIO

63 anos	11
Uno, dual ou plural	13
Uma perda	15
Missa de Réquiem	17
Pelas ruas	19
Poema para Mirian	21
Poema para a dor inaugural	25
Réquiem para uma atriz	27
O azul de Monet	29
Poema para Dina Sfat	31
Perguntas	33
Labirinto	35
Herança	37
Nos morros de Araras	39
Cão a morder a cauda	41
Pequena ode a Johannes Brahms	43
Debussy	45
Poemeto	47
O poeta persiste	49
Autismo	51
Aprendizado	53
Solidão quando prazenteira	55
Soneto da sabedoria	57
Estreia	59
Nota da editora	61

63 ANOS

Todos os meus sábados
no sol desta tarde.

Todos os meus sóis
na tarde deste sábado.

Todas as minhas tardes
no sol deste sábado.

Toda a minha vida
no sábado desta tarde de sol.

UNO, DUAL OU PLURAL

Não sou ou
sou e

Dual nem atual
sou plural

Não sou sim ou não
meu teto é a felicidade.

UMA PERDA

A Carlos Drummond de Andrade

No meio do caminho tinha uma perda.
Tinha uma perda no meio do caminho.
Tinha uma perda.
No meio do caminho tinha uma perda.

Primeiro a irmã depois o pai.
Não sabia que no meio do caminho
tinha a perda do paraíso
que me fez bravo.
Fui só, fui eu,
fui vida a partir da perda
que me estava destinada
no meio do carinho
de minha mãe solitária.

Fui perda de mim mesmo
procurado por toda a vida
até que achado no poema
do meu hoje encanecido.

Tudo porque
no meio do caminho tinha uma perda.
Tinha uma perda no meio do carinho.

MISSA DE RÉQUIEM

Sou o que fui falado
A gente é
o que foi falado
ou o que aprendeu a calar
no momento (qual?)
em que se perdeu de si.

Salvar-se é descobrir
o trágico e derrisório instante
em que a criança se perde de si mesma,
para ser o que dela os demais pretendem.

Missa de Réquiem
para o que poderiam ter sido
A elas, como a nós,
ternura e compreensão.

PELAS RUAS

Passeio-me o eu
pelas calçadas da memória
onde a decadência não chegou
e aquele rapaz amoroso e bom
ainda faz serão e vestibular
para viver a vida ou morte
mas desafiar interrogações
básicas do ser.

Passeio-me o mim
deambular fugidio
de tanta vida não vivida
exceto nas paralelas
onde o ser se revela
e faz o que não viveu
ser memória ram
oculta no computador biografia
mas impressa no cine saudade
e na pulsação esta
que agora me asfalta o peito
e povoa o estro ordinário.

POEMA PARA MIRIAN

De onde vem
o bem
meu bem,
que ressuma de você?
De que almas
tedescas, francesas, lusas
surgiram suas calmas e harmonias,
mansidões de cisne
e a natural bondade
que musas
sem tisne
inspiram-na
para a verdade?
Você comprova
que o belo é o bom
e na doçura infinita
de seu suave tom
o azul mora na mulher bonita
e tudo a que seu olhar incita
é ao bem, ao limpo, ao som
de harpa, harmonia implícita.
Da Mirinha sapeca
Tico-Tico no Fubá,
ping-pong, dança e peteca,
dengues e truques
de uma iaiá,
para a mulher de minha vida,

amorosa, meiga-amiga,
dengo e ciúme escondidos.
Da Mirian que a tudo se liga
à Ruça querida,
flor de pessoa, amiga
pessoa em flor, luz da vida,
dona do meu secreto jardim,
proprietária amorosa do melhor do meu mim.
Em Mirian mora um cristal
uma escondida criança,
mora a mãe especial
e a mulher
felizmente não fatal,
embora a tal.
Que onde chega, brilha
e por que não dizer:
a mulher maravilha.
Em Mirian mora o Natal,
anjos de luz, bondade cabal,
mora a guerreira de flores,
cuja intuição a conduz
para dona de meus amores.
Mirinha de todas as cores,
as da alegria menina,
da preocupação exagerada,
Mirian de todas as flores,
da açucena à bonina.
Ruça, companheira de estrada
e de esperança.

A da emoção
funda e feminina.
Menina do meu coração.
Coração da minha menina
do qual quero ser
para sempre o guardião,
escudeiro, mago, medicina,
e de sua beleza o esteta,
para ser, sempre,
de sua alma, o poeta.

POEMA PARA A DOR INAUGURAL

Mamei força, cálcio e amor
suguei angústia, eros, estupor.

O seio bom que me fartou
sofria a morte de minha irmã.

Jamais soube desabafar
as minhas dores não minhas.

A vontade de ser ulcerou-me o cólon.
A coragem de ser salvou-me o destino.

A decisão de ser transformou-me em mim.
A liberdade de ser, esta me fez poeta.

RÉQUIEM PARA UMA ATRIZ

A Lilian Lemmertz

Quando, assim, tanto, te machucaram
moça da pele fina
e te levaram para a estufa?
Que pintor te não descobriu menina
e te deixou autopintar-se com dor
nos seres amarfanhados que representaste?

Teu silêncio de claustro e palor
e a tristeza de teus cais
uivaram margaridas em noites de sofreguidão.
De conchas, orquídeas ou ais
harpa?, que imagem te sabe melhor,
monja de triste sentir?

Parecias espelho com alma, suor
e frustrações que o ser azinhavravam.
Eras eros, espera, sestro e anoitecer.
Teus gestos suaves inventavam
maneiras novas do sofrer
e eras lenta e lenda, cisne ou fluidez.
Ah tua raiva sem insulto
o fastio sem indiferença
e teu tédio, mistério e sozinhez!
Ah teu susto sem medo ou crença,
teu seco prazer sem gosto
tua não vontade de renascer!

Seres, mesmo assim, emergiram de teu rosto
ávidos de fecundar esperanças
ou renúncias das penas do viver.
Musa calada de introversão e esquivanças
fragmento de música, flauta esbofeteada
tísico som sem procura ou multidão.
Tua agonia
de há tanto tão cansada
era gosto de orgulho
e decepção
coágulo de mágoa,
travo de solidão.

O AZUL DE MONET

Só peço o azul de Monet
Só penso no azul de Monet
Quero distribuir o azul de Monet
O azul de Monet
Ó azul de Monet
O azul de Monet
O azul.
O céu é o azul de Monet.
Dê-me o azul de Monet
Para que eu possa
Enfrentar a vida e a morte.

POEMA PARA DINA SFAT

Olhar de cobrança
duro, perguntador, valente
em que se engolfa teu riso
reprimido:
donde vinha, Dina,
teu olhar abusado e brincalhão?

Olhar vago
em que se dissimula dor, ironia, perturbação.
Donde vinha, Dina,
teu olhar camponês?
De que Polônias?
Ou eram trigais?

O teu inconformismo, Sfat,
tapa de arte e palavra
na prepotência,
quando surgiu?
E tua zombaria
da arrogância imperial?

Os fatos gravados
em tuas entranhas
antepassadas,
de onde vêm?
E os que se esculpiram
em teu corpo brasileiro?

De onde emergiu, guerreira,
o teu eterno feminino?
E a arte de seduzir que manejavas
sem, todavia, utilizá-la?
E o riso triste de quem se desavinha
nos restritos limites do pessoal?

A coragem que era tua,
única, original, patenteada,
e nova a cada dia:
de onde?
E a mulher nova, incerta e inesperada
a mulher ancestral e contemporânea?

E o gosto de representar,
onde foste buscar,
Dina Sfat?
Os irresolvidos resolutos recônditos teus,
era isto, Dina,
re-ser?

O que te fez atriz,
Dina Sfat?
Vontade de servir?
O sangue milenar dos deserdados?
Ânsia viva de ser e fazer
muito mais o que adivinhavas?

PERGUNTAS

Só sou o que já sei?
Sou mais ou sei aquém?
Posso saber além da fatalidade do eu?
Por mais que saiba ser
esbarro apenas em mim:
ser é saber-me?
Ou saber-se sendo?
Preciso ser além do que sei
para saber além do que sou?
Mas ser é saber-se
ou cumprir o determinismo
do si-mesmo?
Se sou, perco a liberdade;
se não sou, escravizo-me a ser.
Ser será libertar-se de ser?

LABIRINTO

Penso aquém do que alcanço
Alcanço além do que sei
Sei menos do que posso
Posso aquém do que adivinho
Adivinho além do que conheço
Conheço menos do que intuo
Intuo tanto quanto imagino
Imagino mais que verbalizo
Verbalizo aquém do que percebo
Percebo menos do que se revela.

HERANÇA

Hoje já não sou quem
Fernando Pessoa queria que eu fosse
e eu também pensava ser.
Bani a infelicidade.

Sou o irmão que não tivemos
capaz de ficar com ele,
sem ficar como ele,
o que me restitui liberdades
a principal das quais
permite amar-lhe a poesia,
tal qual já fiz com Schubert.

NOS MORROS DE ARARAS

A chuva parou
O vento sumiu
A natureza calou.
Ouço canto gregoriano
O som do silêncio
E escrevo este verso
Repleto de lugar-comum
Sem culpa ou repressão.

CÃO A MORDER A CAUDA

Será que só sou
O que já sei?
Sou mais
Ou sei aquém?
Posso saber além
da fatalidade do eu?
Por mais que saiba ser
esbarro apenas em mim?
Ser é saber-me?
Ou saber-se sendo?
Preciso ser além do que sei
para saber além do que sou?
Ser é saber-se
ou cumprir o determinismo do si-mesmo?
Se eu sou perco a liberdade.
Se não sou escravizo-me a ser.
Ser será liberar-se de ser?

PEQUENA ODE A JOHANNES BRAHMS

A dor em Brahms não é chorosa.
É dolorosa e valente.
O sentimento introvertido de Brahms
Desborda o sentimentalismo
E toca nas raízes do Bem.
A musicalidade de Brahms é a mistura exata
De cultura, inspiração, realidade e contenção.

A esperança em Brahms é timoneira,
De um rumo que o leva às essências do homem.
A tristeza é sem desencanto.
O humor é para poucos ouvidos
E a profundidade para todos.

A música de Brahms não impõe, propõe.
Não pergunta, diz.
Não reclama porém combate.
O Deus de Brahms vive no ser humano
Mais que nas religiões. E existe.
Brahms não pede, define o que quer.
Não chora: lamenta.
Não tem pena de si mesmo,
Vive da nostalgia do não vivido.

Brahms é amor maduro e fiel
A todos os seus amores.
A rude delicadeza de Brahms

Atinge as alturas do sublime.
Não se entrega ao êxito
Mas almeja a glória que redime.

Brahms é densidade, ternura máscula,
Noites de taberna solitário, independente e turrão,
A melhor dosagem entre inteligência,
Exigência consigo próprio, emoção honrada
E coragem de Ser.

DEBUSSY

Espaços de desconstrução
Harmonia liberta
Desdefinição do som de mel
Teimosia dos enigmas.

Sons ignotos do limbo
Vozes de fetos,
Cantos de suicidas,
Luxúria de faunos,
O Sol da Ibéria, abrasador
Rapsódias de doidos santos
O mar inaprisionável,
A primavera como mistério
De virgens eleitas
São Sebastião martirizado
A perdoar Pelléas et Mélisande.

No túmulo das náiades,
Havia uma flauta de Pã
Soando através de inquietações
E diluída na fluidez
De nuvens cantadas
Em arietas desconhecidas.

Tudo é incenso sonoro,
Nada obstante
Mais duro que pedra.

Melodia de timbres
Enfim libertos
Da ditadura do contraponto,
da melodia e das regras.

POEMETO

As aspirações?
Exasperações.

Ex aspirações?
Eis as pirações.

O POETA PERSISTE

O poeta persiste
a poesia subsiste.

O poeta inexiste
a poesia é triste.

O poeta insiste
a poesia assiste.

A poesia resiste
o poeta desiste.

A poesia re-existe
o poeta é riste.

A poesia existe
o poeta é chiste.

AUTISMO

O tédio que não revelo
resvala
e vela na taquicardia
a morte, a amiga de infância, palpita vida.

Sou segredo, dons, acasos
e órfão,
silenciado, embora,
em música e picles.

Meu menino, a cirurgia, aquele cão,
o não,
a morte do pai e minha irmã
moram-me anônimos.

Falo o que calo, sinto o que guardo
sob outro eu igual ao mim
bem melhor, porém.
Mas autista.

O sexo implícito, o tesão abissal,
a gula mamada, a timidez flatulenta
jazem no fundo do meu mar.
Escafandro-me, debalde.

Calo constatações,
blasono brilhos,

[51]

suicido sonhos,
e calafrio-me a colher náuseas.

Sou sem teto
de onde salto.
Minha blandícia
quem acarinhará?

APRENDIZADO

Quando chego aos confins
do si,
só encontro o mim
e não Deus.

Quando alcanço os limites
do sou,
onde Deus deveria estar
só encontro o eu, depois o nada.

Sou o meu limite.
Resta-me saber se fora de mim
é Deus o conteúdo do nada
(e lá reina a paz) (ou a morte, sua morada).

Perduram madrugadores os medos.
Pulula ansiosa a esperança.
Mas nada encontro além do mim.
Ou do saber-me.

O ser é,
sem precisar ser, crer ou saber.
Eis Deus.
Eis-me: co-herdeiro de eus.

SOLIDÃO QUANDO PRAZENTEIRA

Ficar consigo-me.

SONETO DA SABEDORIA

Saudade é lúcida
Ensina verdades boas
Perda é arguta
Ajuda a julgar.
Morte é glória
Ensina o sido, sendo.
(Dava tudo pra descobrir o que sou
Vendo-me visto depois da morte.)
As pessoas se separam
Para antever em vida
O que delas será dito depois.
O morto ajuda a percepção
O vivo embota a clareza
Morrer é esclarecer.

ESTREIA

O pão que o diabo ama,
mero episódio de carne
sou, com gosto de Deus.
A vida é o ensaio geral
de estreia que não chega
salvo quando se morre.

Morrer é estrear-se.

NOTA DA EDITORA

Artur da Távola (Paulo Alberto Moretzsohn Monteiro de Barros) publicou vinte e três livros durante sua vida, entre coletâneas de crônicas, poemas e livros sobre comunicação. Ao morrer, em 2008, entre inúmeros inéditos, preparou os originais de *O jugo das palavras* e os deixou com Mirian Ripper, sua esposa, que cuidou com desvelo para que fossem editados.

Um agradecimento especial às professoras Amaline Mussi e Mirian Ripper pela preparação deste livro.

Este livro foi composto na tipologia Swift, em corpo 10/16,
e impresso em papel off-white 90g/m²
na Yangraf.